D1396367

# LE HARNAIS

OUVRAGES DE ROBERT PINGET

ENTRE FANTOINE ET AGAPA, nouvelles, 1951.

MAHU OU LE MATÉRIAU, roman 1952.

LE RENARD ET LA BOUSSOLE, roman, 1953.

GRAAL FLIBUSTE, roman, 1956.

BAGA, roman, 1958.

LE FISTON, roman, 1959.

LETTRE MORTE, pièce en deux actes, 1959.

LA MANIVELLE, pièce radiophonique, 1960.

CLOPE AU DOSSIER, roman, 1961.

ICI OU AILLEURS, suivi de *Architruc-L'hypothèse,*
   théâtre, 1961.

L'INQUISITOIRE, roman, 1962.

AUTOUR DE MORTIN, dialogues, 1965.

QUELQU'UN, roman, 1965.

LE LIBERA, roman, 1968.

PASSACAILLE, roman, 1969.

IDENTITÉ, suivi de *Abel et Bela,* théâtre, 1971.

FABLE, récit, 1971.

PARALCHIMIE, suivi de *Architruc-L'hypothèse-*
   *Nuit,* théâtre, 1973.

CETTE VOIX, roman, 1975.

L'APOCRYPHE, roman, 1980.

MONSIEUR SONGE, 1982.

LE HARNAIS, 1984.

CHARRUE, 1985.

UN TESTAMENT BIZARRE, 1986.

L'HYPOTHÈSE, suivi de *Abel et Bela,* théâtre, 1987.

L'ENNEMI, roman, 1987.

ROBERT PINGET

# LE HARNAIS

LES EDITIONS DE MINUIT

© 1984 by Les Éditions de Minuit
7, rue Bernard-Palissy — 75006 Paris

ISBN  2-7073-0675-4

# LITTERATURE

Reprendre joyeusement l'affreux harnais écrit monsieur Songe. Et puis il biffe l'affreux. Et puis il biffe harnais. Reste reprendre joyeusement.

Il pose la plume et dit reprendre joyeusement quoi ? Son cahier mais il en a tellement par-dessus la tête qu'il n'ose plus le nommer. Se remettre à écrire, voilà, mais le mot écrire lui reste aussi dans la gorge.

Bref on se demande chaque fois qu'on pense à ce pauvre homme quel est son statut en ce monde. Il n'aimerait sûrement pas le mot statut, préférerait à tout prendre sort ou sens mais l'interroger à ce propos serait risquer de le replonger dans la mélancolie. Or le mot joyeusement il l'a écrit, c'est donc qu'il se débat contre son humeur noire.

Que faire de lui ?

Le laisser dire en feignant de ne pas l'écouter, ce qui provoquera de petites réactions de dépit, seul remède à son mal.

○

Va falloir se remettre à quelque petite fable, petit produit d'imagination dit monsieur Songe. Pourquoi ? Pour rien. Pouvoir se dire qu'on fait quelque chose... Ce serait à crever de rire... Mais trop beau.

○

Je dois continuer à travailler dit-il, que je le veuille ou non.

Mais est-ce possible ? Accomplir un devoir sans volonté ? Il semblerait que non. Comment donc peut-il le dire ? Oh question d'habitude. Vouloir a probablement une multitude de sens qu'il ne cherche plus à analyser. En l'occurrence celui de s'atteler au travail sans plaisir, ou avec le plaisir de se dire qu'on ne veut pas vraiment, ou qu'on est le jouet d'une force étrangère, ou par inclination à ne pas vouloir être le jouet de cette inconnue...

Bref il conclut qu'il doit vouloir tout en sachant qu'il veut devoir, mais sans trop se le dire.

○

Monsieur Songe qui spontanément écrit son journal à la troisième personne s'avise que par ce moyen il juge mieux son comportement et qu'il peut ainsi, de surcroît, donner du piquant à ses dires en s'imaginant de-ci de-là un peu différent de ce qu'il est à la première personne. Reste à savoir si ce condiment altère le brouet proposé ou s'il en est le sel nécessaire.

○

Il dit que réduire ses écrits au vrai-semblable c'est refuser les exigences de l'art. Une touche d'impossible et voilà que l'œuvre prend forme.

○

Il est obsédé par l'idée de devoir s'attaquer à une œuvre d'imagination afin d'oublier son journal qui l'étiole. Mais est-ce qu'il ne cultive pas là une illusion ? Qu'en aurait-il de plus à délaisser la petite notation quotidienne au profit de chimères ? Ne serait-ce pas tenter de péter plus haut que nature ? Sa nature a-t-elle une chance de s'élever au-dessus de ce niveau-là ?

○

Monsieur Songe dit qu'il était facile de raconter les histoires de monsieur Songe quand on n'y croyait pas encore mais qu'après qu'elles furent prises au sérieux...

Et ce naïf voit monsieur Songe dans la situation de don Quichotte questionné sur ses aventures dans le second volume. Comment a-t-il pu soutenir sans faiblir sa valeureuse et triste figure ?

Monsieur Songe n'imagine même pas l'impertinence du parallèle.

○

Au marché il lie conversation avec quelqu'un qui ne le connaît pas et qui lui dit avoir lu l'histoire d'un certain monsieur Songe pleine de faits véridiques.

Monsieur Songe rit sous cape car l'histoire est inventée d'un bout à l'autre.

Ce qui lui inspire des réflexions philosophiques sur l'art, qu'il ne livrera à personne.

○

J'étais fait pour écrire un journal intime dit-il à son ami Mortin, c'est un genre qui convient aux paresseux.

Mortin toussote et lui répond oui, s'il n'y avait pas eu tant de paresseux il y aurait moins de journaux intimes...

○

Monsieur Songe continue à se demander si parler de lui à la troisième personne est judicieux. Aurait-il dû le faire à la deuxième ? Son raisonnement est impuissant à le convaincre.

Mais est-ce que la Trinité raisonne ?

○

Dommage qu'il n'ait pas pensé à devenir un auteur. Il aurait aujourd'hui au moins une certitude, celle d'être inconnu.

○

Monsieur Songe doute s'il va faire lire ses mémoires à ses neveux. Depuis le temps qu'il y travaille ces pages constituent son seul bien mais dévoilent un aspect si vulnérable de lui-même que les soumettre à la curiosité lui semblerait s'exposer à la dévoration. Il en déduit provisoirement qu'il tient farouchement à son identité.

Et puis il doute si cette conclusion est défendable, si le repli sur soi n'est pas le bon moyen de voir s'évanouir son identité. Il doit se rendre à l'évidence. S'ouvrir à autrui pour garder sa vigueur et la restaurer. Donc faire lire ses mémoires. Mais il hésite encore, sans se l'expliquer.

○

Ayant terminé la rédaction de ses mémoires ou de ce qu'il croit tel, monsieur Songe passe un mauvais quart d'heure. Il lui semble soudain n'avoir plus rien à faire, plus rien à dire, comme si l'achèvement de ce travail sonnait le glas de son existence même.

Il se raisonne et dit que diable je suis encore là, il me reste au moins à le dire et de fil en aiguille si le fil tient bon, à dire que je continue d'être là jusqu'au jour où la plume me tombera de la main...

Que penser du désarroi de monsieur Songe ? Explicable ? Pardonnable ? Regrettable ? De toute façon en penser ceci ou cela n'y changera rien.

Et monsieur Songe qui vient de poser cette question comme n'émanant pas de lui conclut... que ses mémoires ou ce qu'il croit tel sont un alibi précaire pour la faute qu'il a commise en s'en jugeant l'auteur.

○

Il dit ensuite j'ai le sentiment de n'avoir plus le goût d'écrire.

Est-ce en rapport avec l'achèvement de ses mémoires ? Doit-il admettre que cet achèvement sonne le glas de sa vie ici-bas ? Il s'était repris tout à l'heure en disant je tiens encore la rampe, je n'ai qu'à le dire. Mais si l'envie de le dire lui manque ?

Il arrive que telle chose écrite paraisse sur le moment pure invention et se vérifie après coup. En l'occurrence quel écrit pourrait se vérifier ? Monsieur Songe n'a pas écrit qu'il n'avait plus le goût de le faire, il l'a seulement dit, il n'en a eu que le sentiment...

Charabia dit-il. Mais il ne l'écrit pas.

○

Monsieur Songe le soir d'une journée inactive boit son coup de rouge et se lamente disant tous les grands hommes sont morts à la tâche...

Second coup de rouge. Troisième et quatrième coup de rouge...

Qui dira la détresse des vieux ratés ?

Et celle des grands hommes ?

○

Quand on le questionne sur la région qu'il habite entre Fantoine et Agapa monsieur Songe est interloqué et demeure stupide. Histoire de converser on insiste gentiment, on tâche de le mettre sur la voie, on lui demande quel genre de climat, de paysage... Il a l'air tellement embarrassé qu'on plaisante alors, que de secrets mon cher, êtes-vous jaloux de votre territoire, craignez-vous qu'on aille vous y déranger ? Et puis par délicatesse on n'insiste plus, on passe à un autre sujet.

De retour chez lui monsieur Songe se dit est-ce assez bête, assez ridicule de ne pouvoir parler de lieux que je connais si bien et qui me sont si chers... Il s'arrête sur le mot chers et s'interroge. Serais-je vraiment jaloux de ce que j'aime ? Il se tourmente, il se tarabuste, il n'en dort plus jusqu'au jour... jusqu'au jour...

Inexact. Monsieur Songe dort comme un loir.

○

Les amours d'Auguste et d'Ernestine, que sont en général les romans, l'ennuient tellement que non seulement il ne lit plus depuis longtemps ce genre d'écrits mais que dans une conversation ou dans un journal la moindre allusion à une aventure heureuse ou malheureuse entre deux êtres de quelque sexe qu'ils soient lui donne presque la nausée.

Il mesure alors la distance qui le sépare aujourd'hui d'un état d'âme qu'il a eu connu.

○

Certains jours il est mécontent de s'être reproché le plaisir de ses notes. Les occasions d'oublier le cafard sont trop rares pour passer outre.

Et il évoque à ce propos un auteur d'autrefois écrivant que son spleen est une tristesse physique. Il faut être très grand et très cafardeux pour se permettre une définition aussi humble.

○

Il dit à un artiste obscur et malheureux que la renommée n'est pas seul signe d'excellence. Une œuvre d'art peut être parfaite et inconnue.

Et il développe généreusement ce thème consolateur, y mettant toute l'ardeur dont il est capable. Mais au fur et à mesure qu'il parle la figure de l'autre s'allonge, s'allonge et finit par fondre en larmes.

○

Monsieur Songe quand il croit avoir bien tourné une phrase se défend mollement de l'admirer et puis finalement

la méprise. Le beau style l'indispose.
Mais que faire d'autre que de s'y exté-
nuer lorsqu'on ne l'aime plus ? Ecrire
mal ? Plus le courage.

○

Son oreille est si gourmande de vrai
langage qu'il donnerait sans hésiter la
palme à n'importe quel artisan parlant
de son travail plutôt qu'à un littéraire
fignolant son discours.

○

Il juge indécente la curiosité qu'ont
certains érudits des ratures et retou-
ches dans le manuscrit d'un auteur.
Croient-ils pouvoir en tirer une leçon
ou en faire profiter le public ? Pour
apprendre à écrire chacun a sa méthode
et si c'est en se trompant d'abord
qu'on se corrige chacun a droit à sa
façon de se tromper. Seul compte le
résultat, qui doit être inimitable.

○

Monsieur Songe dit à son ami Mortin, un artiste malchanceux comme lui, dans le fond nous qui aurions tant désiré la notoriété, probable qu'elle ne nous aurait rien valu et qu'il nous fut salutaire d'être ignorés.

Mortin dit je ne vois pas pourquoi et monsieur Songe après une pause répond moi non plus.

DESINVOLTURE

Monsieur Songe sans y penser dit qu'il prend plaisir à se dire celui de ne pas dire ce qu'il aurait pensé.

Monsieur Songe sans y penser dit qu'il a plaisir à ne pas formuler ce qu'il aurait pensé.

Monsieur Songe sans y penser dit qu'il se plaît à taire ce qu'il aurait pensé.

Monsieur Songe sans y penser dit qu'il aime à se taire.

Monsieur Songe ne pense à rien et le dit.

Et il ajoute petit jeu bébête que de l'écrire. On se doit de ne plus le jouer.

○

Que va devenir monsieur Songe ?
Ou du moins celui-là, futile et désœu-
vré. Car il y en a un autre mais qui
pour l'heure hésite à se manifester.

Le mot autre qui revient souvent
dans son langage l'intrigue par ses dif-
férentes tonalités. Mais il n'a pas envie de les étudier, redoutant le piège
du petit jeu qu'il considère n'être plus
de mise. En l'occurrence il a peut-être
tort.

o

Installé à l'ombre sur un transatlan-
tique par la grosse chaleur d'été il fait
une lecture difficile. Ascèse qu'il juge
nécessaire on ne sait trop pourquoi car
accablé par la température il ne com-
prend pas une ligne de ce qu'il lit.
Annotations en marge qui ne corres-
pondent à rien, abandon du livre sur
l'herbe, petits roupillons dans les inter-
valles, mauvaise conscience au réveil...
Bref les vacances dans toute leur ina-

nité. Mais monsieur Songe tient à se dire en vacances pour se punir hypocritement de ne rien faire durant l'année.

○

Sa sœur lui dit qu'un grand auteur a écrit le passé est le temps des paresseux, le présent celui des jouisseurs, l'avenir celui des courageux. Monsieur Songe en déduit je n'ai donc pas d'avenir. Sa sœur lui répond voyons Edouard tu as été courageux toute ta vie, affronté des difficultés, toujours fait ton possible, écrit tes mémoires... Reprends-toi tu m'entends, reprends-toi. Me reprendre ? qu'il rétorque, facile à dire, je ne vois ni par quel bout ni dans quel but.

○

Il dit lorsqu'on ne cherche plus à plaire, plus de raison de ne pas déplaire.

La phrase lui paraît piquante mais il se demande si son tour désinvolte ne cache pas une grave situation. C'est dire qu'il ne réfléchit qu'après coup à ce qu'il débite, vieille habitude qui peut le mener à la catastrophe. Car ses actes aussi seraient l'effet de ses paroles, puissance irréductible. Comment y échapper ? A première vue en demeurant dans le silence, d'où l'inertie. Est-ce souhaitable ? Monsieur Songe est tout tremblant d'être à son corps défendant un catalyseur de magie.

○

Monsieur Songe qui sait mieux que personne ce qu'il doit penser de lui est encore assez vaniteux pour faire accroire, par son comportement, qu'il n'en est rien et laisser les autres dans l'incertitude. Elle le venge de celle

qu'il éprouverait s'il ne faisait l'effort
de la surmonter.

○

Il dit d'un ami qu'il vient de perdre
c'était un homme intelligent et cultivé
malgré ses manques, fidèle en amitié
quoique d'humeur changeante, bourru
et peu sociable mais attirant, tracassé
par des vétilles comme les nerveux,
lâche par moments, honnête à d'autres,
radin et généreux selon les jours, gai
ou noireux sans vraie raison, insonda-
ble et transparent, méchant et servia-
ble, idéaliste et pratique, orgueilleux
et modeste, futile et grave...

Bref impossible de savoir ce qu'était
le défunt.

Mais monsieur Songe ajoute peut-
être le voyais-je de trop près, il nous
faudrait l'avis d'un tiers impartial mais
je n'en connais guère, adressez-vous à...
je ne sais pas... j'allais dire son chien
mais il est mort aussi. Tiens ç'aurait

été une solution l'avis d'un chien, non ?

○

Si d'aventure dit monsieur Songe je suis le monsieur Songe que connaissent les quelques bipèdes que je connais je me demande si celui que moi je crois connaître a le droit de se reconnaître dans celui dont il emprunte malgré lui l'apparence.

○

Difficile d'être simple. Cela requiert toutes les ressources de la complication dont on est tenté de se targuer.

○

Monsieur Songe dit je perds progressivement l'ouïe, la vue et la mémoire. Qu'est-ce qu'il me restera pour mourir ? L'odorat ? Quelle horreur.

○

Il faut parler à ses amis pour savoir ce qu'on pense. Mais si on n'a pas d'amis ? Parler tout seul ou écrire, ce qui ne nous apprend rien.

○

On me paierait cher pour me redonner le goût du plaisir dit-il.

Et puis il doute s'il est de bonne foi mais sans insister.

○

Son âme seulette et biscornue. Il relève ces épithètes chez un auteur et les trouve jolies.

○

Sa voisine qui ronchonne tout le temps avoue à monsieur Songe si j'avais autant de pièces de vingt francs que j'ai dit de fois merde je pourrais finir mes jours sur la Côte d'Azur.

○

Je n'entends plus toujours ce qu'on me dit dit monsieur Songe mais je constate que c'est agréable.

○

Pourquoi jeter de l'huile sur le feu alors qu'il est si facile de laisser se carboniser le repas ?

○

La logique, la logique dit monsieur Songe, quel ennui, il faut en sortir. S'amuser. Pas facile. Se mettre à l'épreuve de la facilité.

○

J'ai eu de vrais amis dit-il. Et j'en ai encore d'aussi vrais. Comment l'expliquer ? Je leur laisse ce soin qui dépasse mes compétences.

○

Monsieur Songe constate que le mot détresse lui revient tout le temps à l'esprit. Et ça lui fait deuil.

○

N'ayant rien fait de la journée que rêvasser d'un improbable état de grâce monsieur Songe se dit que naguère il s'en serait sévèrement jugé. Puis il pense que l'état de grâce est précisément de pouvoir en rêvasser.

Sa paresse triomphe et la nature de l'état de grâce s'obscurcit délicieusement.

○

Il n'a pas eu le génie propre à soutenir son talent, ou vice versa, dit monsieur Songe au sujet d'un ami. Puis il s'interroge, qu'est-ce que le génie, qu'est-ce que le talent, pour se répondre enfin que son ami n'avait probablement ni l'un ni l'autre, ce qui abrège son raisonnement.

○

Il est parfois si las de raboter ses phrases qu'il se demande si composer son épitaphe ne précipiterait pas le destin...

○

Qu'est-ce que je souhaite aujour-
d'hui ? dit monsieur Songe. Le plaisir ? Non, le confort. Confort sans plaisir ? Eh oui.

Mais il a beau souhaiter...

○

Un coup de téléphone matinal d'un
ami qui lui dit avoir rêvé de lui fait
à monsieur Songe, d'une journée qui
s'annonçait pénible, une bénédiction.
N'est-ce pas touchant ?

○

Taquiner la muse. Dommage qu'on
n'ait pas, avant qu'il l'ait proférée,
coupé la gorge au cabot qui a osé cette
expression ordurière.

○

Il se surprend à dire qu'il fait bon
vivre... au coucher du soleil seulement.

# CAMPAGNE ET VIEILLESSE

Repeignant les volets de sa maison pendant toute une semaine monsieur Songe est en proie à l'angoisse. Il a choisi un gris qui fonce lorsque le temps se couvre, qui s'éclaircit au soleil du matin, qui change à midi, qui est méconnaissable le soir.

Il pense recommencer avec un autre gris la semaine suivante mais d'abord se raisonne. Ne me prendrait-on pas pour un détraqué de parler d'angoisse dans un cas de ce genre ? Pourtant elle est réelle puisque je l'éprouve. Une angoisse peut-elle être chimérique ? Une chimère peut-elle être réelle ?

Quelques jours ayant passé à d'autres occupations monsieur Songe constate que son gris est parfait par tous les temps. Ce n'était donc pas le gris qui changeait selon la lumière mais l'humeur du peintre.

Monsieur Songe espère alors n'être pas encore assez détraqué pour ne pas reconnaître que ce qu'il appelait son angoisse n'était rien en regard de celles qu'il combat dans d'autres domaines.

Mais cela ne résout pas la question de la nature des chimères.

○

Trop de beauté à la fois presque sans prévenir dit-il en se promenant dans la campagne. Les fougères que je ne voyais pas encore la semaine passée, les fleurs dans les champs tout à coup, les arbres trop vite feuillus...

Et il se demande si cette beauté n'est pas moins réelle qu'elle ne le fut, si elle n'est pas comme le reflet de celle qu'il découvrait jadis. Autrement dit si le vrai est ce printemps sous ses yeux ou celui de son souvenir.

○

Tout en arrosant son jardin monsieur Songe se dit il est avéré que je fais tout de travers, donc j'arrose mal. Il doit y avoir une technique de l'arrosage mais où me renseigner ? Dans les livres ? Auprès des voisins ? Ils m'embêtent autant les uns que les autres.

Et il continue d'arroser en se repentant de mal le faire et en prévoyant qu'il finira par détester fleurs et légumes qui seront mal venus. Mais ce sera autant de gagné.

○

Il dit quoi de plus triste que le beau temps ? Le mauvais ? Car il ne supporte ni le soleil éclatant ni la chaleur ni la grisaille ni le froid. Quel est le temps qui lui convient ? Quelque chose comme celui qu'il inventerait indépen-

damment des saisons mais tout pénétré
des rares heures de bien-être ressenti
en de certaines circonstances dont il
ne saurait dire aujourd'hui lesquelles.

Et ayant formulé ce qui précède
monsieur Songe est moins malheureux.

○

La fleur de chicorée, l'une des plus
belles de l'été, a un nom bien vulgaire.
L'appeler chicorée intybe ou même
cichorium intybus n'arrange rien.

Bleu chicorée aux blés. Matinées
inoubliables.

○

Les framboises poussent volontiers
mêlées à certaines ombellifères. Mais
les ombellifères épuisent le sol et les
framboises périclitent. On arrache
alors les ombellifères et les framboises

n'ayant plus d'ombre, elles se dessè-
chent.

○

A force de n'en plus finir ces jour-
nées d'été sont bien fatigantes dit monsieur Songe.

Et il ajoute mais ça ne durera pas, en
retenant une larme de crocodile.

○

Lors de sa promenade matinale il
admire les couleurs de juillet, bleu
atténué du ciel, ocre pâle des blés, et
toute une gamme de mauves, de gris
et de beiges dans les lointains.

Il pense que la vieillesse l'a encore
à demi épargné puisque admirer est
signe d'enfance du coeur mais il ne
s'attarde pas trop sur ses déductions,
crainte de donner prise à l'ironie.

○

La nervosité de monsieur Songe aug-
mente avec l'âge mais elle prend une
forme dérisoire. Alors qu'autrefois
elle pouvait être un ressort, le faire réa-
gir contre les aléas et les mauvais moments, elle est aujourd'hui vétilleuse,
ergoteuse, chicanière. Il s'en rend
compte une fois sur dix mais les neuf
autres non et le voilà qui tempête contre son entourage et se met dans des
états tout à fait ridicules.

○

J'ai dû déchanter dit-il, l'âge ne sim-
plifie pas mon parcours. Les devoirs
s'accumulent avec le remords de les
avoir mal remplis.

○

Ce n'est pas aux vieux singes qu'on apprend à faire la grimace. Monsieur Songe aime bien cette expression mais hésite à la vérifier dans son miroir.

○

Monsieur Songe au coin du feu constate qu'une journée lui paraît maintenant bien remplie pour s'être passée à en attendre la fin.

Léger doute pourtant sur le mot lui. Y aurait-il un double de monsieur Songe non encore résigné ?

○

Il n'aime plus quitter sa maison, et parfois appelé à le faire il dit à son ami Mortin mon pauvre je pars la mort dans l'âme. L'autre hausse les épaules et répond mon pauvre, partir ou pas elle ne t'a jamais lâché d'une semelle.

○

Tout redire dit monsieur Songe, pour tout renouveler. Bonne formule. Redire scabieuse accacia mélilot, et voilà l'été sur ma page.

MORALE

Son aspiration à se corriger semble à monsieur Songe l'effet d'une morale qui relève de l'amour-propre. Il lui en faudrait une qui le fasse se déplaire en s'amendant.

○

A une lettre démesurément reconnaissante d'un inconnu auquel il a par hasard, au bistro ou dans la rue, dit quelque chose d'aimable monsieur Songe ne sait pas s'il doit répondre. Il craint d'une part de dépasser lui aussi la mesure en voulant être plus aimable encore et se faire plaisir à soi-même, et d'autre part d'amorcer une relation qui risque de l'importuner, bien qu'il se doute que l'inconnu a grand besoin de s'ouvrir à lui.

Monsieur Songe réfléchit et se décide à répondre mais avec tant de mesure que sa lettre ne paraîtra à l'autre qu'une marque de politesse, qui est la plus lâche façon de se débarrasser d'un être sensible.

Ainsi donc il agit en sachant commettre une double erreur car il en souffrira et dans son amour-propre et dans son sentiment du devoir.

Passons sur l'amour-propre, l'erreur reste double pour n'avoir pas été spontanée.

○

Je ne voudrais pas vous déranger dit un charmant érudit à monsieur Songe, mais sûrement conservez-vous comme eux la correspondance de vos amis. Si vous pouviez me retrouver une lettre d'il y a dix ou douze ans, ou était-ce un télégramme ou un simple billet, de monsieur X qui était de vos relations, je vous en serais obligé car j'ai dans sa collection d'autographes une allusion, oh assez vague, à quelque chose qu'il vous aurait écrit à cette époque ou quelques années avant et dont j'aurais besoin pour le travail de mise au point que je fais sur ses papiers. Mais encore une fois je ne voudrais pas vous déranger...

Monsieur Songe n'ose avouer au charmant érudit qu'il détruit toute correspondance et lui répond certainement certainement, je vais vous retrouver ce message, nul dérangement, mais j'ai un tel désordre qu'il me faudra un peu de temps, rien d'excessif rassurez-vous.

Il se repent ensuite de son mensonge mais le jour où l'érudit le relancera il trouvera une délicieuse périphrase du même genre que la première.

On a de la prévenance ou on n'en a pas.

○

Curieux dit-il combien le fait de mettre en branle ce qu'on appelle le raisonnement vous conduit à découvrir tout autre chose que des raisons. Les sentiments par exemple pour s'épanouir dépendraient-ils des exercices du cerveau ?

Petit paradoxe qui le réjouit mais il ne le développe pas, il se le garde en réserve pour avoir l'impression de détenir un secret, tout en se doutant que c'est celui de polichinelle.

○

Monsieur Songe un soir qu'il prolongeait plus que de raison son apéritif au Cygne reçoit les confidences d'un ivrogne qui lui dit entre deux hoquets sans le cul la vie n'a plus de sel.

Monsieur Songe est fort prude et ne répond pas. Mais de retour dans sa chambre il note les mots de l'ivrogne. Et il dit cette sentence me cloue le bec. Elle s'apparente en termes vulgaires à celle du bon La Fontaine, plus d'amour partant plus de joie. Mais n'est-elle pas moins hypocrite ?

Et puis il ajoute pourtant à mon âge je me dois de penser autrement. Il y a la tendresse, il y a la bonté... Et il y a d'autres vues plus hautes. Le devoir, l'espérance...

Il réfléchit encore et il ajoute j'y vois des raisons de vivre certes, mais de sel point.

Et puis à sa honte il interrompt sa réflexion.

○

C'est drôle remarque monsieur Songe, pour affronter les visites attendues ou pas il me faut avaler en prévision ou à la sauvette deux ou trois coups de rouge. Et me voilà sociable, bavard et même paraît-il charmeur. Quelle morale en tirer ?

Il n'ose pas trop conclure, sa préférence d'ailleurs n'allant pas aux visites.

53

○

Il dit je m'étonne que telle personne douée d'une grande sensibilité manque parfois de délicatesse. Est-ce que la délicatesse peut être de l'affectation ? A moins qu'une grande nervosité, qui double en général la grande sensibilité, ne puisse vous faire oublier un devoir de délicatesse, pour autant qu'elle soit un devoir ?

○

Il préférerait écrire une lettre à se déranger en personne pour s'excuser d'une faute car la lettre supprime le reproche vivant qu'est l'offensé, elle le tue.

○

Le mystère dit-il, belle occasion de déborder le quotidien. Pourquoi n'est-il plus à la mode ?

○

Tout en rédigeant ses pensées il se félicite d'en souligner expressément la subjectivité. Il préfère le risque de passer pour honnête ignare à celui d'être taxé d'imposteur en généralisant.

Trop naïf pour concevoir que la vérité n'a que faire de la modestie.

○

A un moraliste hypocondriaque qui blâme l'artiste de vouloir briller monsieur Songe répond qu'il n'est point d'œuvre d'art sans le désir de notoriété de son auteur.

○

A force de se pencher sur son nombril dit monsieur Songe on découvre que ce n'est pas une cicatrice mais une plaie béante.

○

Ne dites pas ça, vous finirez par le penser.

○

Je me demande dit monsieur Songe à son ami Mortin pourquoi nous avons tant de difficulté à être nous-mêmes c'est-à-dire authentiques donc différents.

L'autre répond je me demande moi si être soi-même n'est pas, à force d'approfondissement, ressembler en tout point à quiconque. Cultiver sa différence me paraît s'obstiner à rester superficiel donc inauthentique.

○

Lorsqu'il est séduit par une grande pensée sur le détachement il se raisonne et conclut restons fidèles à notre propre vocation, moins exaltante mais en harmonie avec nos moyens. A chacun son lot.

Un peu de lâcheté dans cette conclusion mais au moins l'échec lui aussi restera dans les proportions assignées.

○

Pour me remercier aussi fébrilement d'une lettre que je lui ai écrite sans y penser dit monsieur Songe, il faut que mon correspondant y ait vu tout autre chose que ce que j'y ai mis. Quoi donc ? Ce qu'il n'a trouvé qu'en lui-même, par le truchement fortuit d'un indifférent comme moi.

○

Ses qualités sont aveuglantes, si bien que je ne les vois plus dit-il de telle personne.

Et sur les défauts d'une autre avec délice il soigne ses yeux.

Puis il s'avise que l'autre personne est la même. Suffisait de mettre des lunettes noires.

○

Il doit y avoir une vérité quelque part dit monsieur Songe mais elle ne peut résider qu'où le moi a disparu.

○

Son ami Mortin ayant lu quelques pages des carnets de monsieur Songe il lui dit dans le fond mon vieux tu es un moraliste.

Monsieur Songe éclate de rire et répond je me demande bien ce qu'on pourrait être d'autre lorsqu'on se mêle d'écrire... en français du moins.

CET OUVRAGE A ÉTÉ ACHEVÉ D'IMPRIMER LE
CINQ JUIN MIL NEUF CENT QUATRE-VINGT-
SEPT DANS LES ATELIERS DE NORMANDIE
IMPRESSION S.A. 61000 ALENÇON (ORNE)
ET INSCRIT DANS LES REGISTRES DE L'ÉDI-
TEUR SOUS LE No 2244

Dépôt légal : juin 1987